Sigrid und Ottmar Heinzmann

Feste feiern

Hochzeit, Taufe, Kommunion, Jubiläum

frechverlag

Zum Thema „Feste feiern“ sind im frechverlag sind zahlreiche andere Titel erschienen. Hier eine Auswahl:

TOPP 2051

TOPP 2254

TOPP 2317

Für die freundliche Hilfe bei der Dekoration der Festtafeln danken wir Hotel Krone, Gerlingen.

Fotos: frechverlag GmbH + Co. Druck KG, 70499 Stuttgart; Fotostudio Ullrich & Co., Renningen

---

Auflage: 9. 8. 7. 6. | Letzte Zahlen
Jahr: 2002 2001 2000 1999 | maßgebend

frechverlag GmbH + Co. Druck KG, 70499 Stuttgart

ISBN 3-7724-1633-0 · Best.-Nr. 1633

Druck: frechverlag GmbH + Co. Druck KG, 70499 Stuttgart

Hochzeit, Taufe, Kommunion, Konfirmation
und Jubiläen sind Festtage, die im Kreis der Familie und mit
Freunden zu unvergeßlichen Erlebnissen werden.

Ein festlicher Rahmen, stilvoller Blumen- und
Tischschmuck oder sonstige Dekorationen und Accessoires
tragen wesentlich zum Gelingen der Feier
und zur guten Stimmung unter den Gästen bei.
Am schönsten wird jedes Fest, wenn Sie den Rahmen ganz
persönlich und individuell gestalten.

Ob Sie Ihre Hochzeit als Bauernhochzeit,
ganz in Weiß oder rustikal feiern möchten,
ob Sie passende Einladungs- und Tischkarten suchen,
ob Sie Tauf- und Kommunionsgeschenke hübsch dekorieren,
oder ob Sie Blumen- und Haarschmuck selbst
arrangieren möchten – hier finden Sie Anregungen
zur liebevollen Gestaltung und phantasiereiche Ideen
zum Selbstmachen.

Blättern Sie bei Ihren Festtagsvorbereitungen ruhig das
ganze Buch durch, es gibt sicher auch unter einem anderen
Thema noch Vorschläge, die Sie – vielleicht etwas variiert –
übernehmen können.

So werden Ihre Feste gewiß zu einem einmaligen Ereignis.

Einen schönen Festtag und viel Spaß bei den Vorbereitungen
wünschen Ihnen

Sigrid und Ottmar Heinzmann

Inhaltsverzeichnis

Hochzeit

Hochzeitsgesteck Schwan

Material

1 Schwanenpaar aus Keramik
1 kleiner, weißer Seidenrosenstrauß
3 Stengel Asparagus
5 weiße Schaumperlen, angedrahtet
Steckschwamm in Kugelform
Goldene Perlenketten

Das Gefäß mit Steckmasse ausfüllen, so daß die Kugel den Rücken des Schwanenpaares bildet. Weiße Rosen der Form angepaßt gleichmäßig verteilt arrangieren, damit sich ein kugeliges Gesteck ergibt. Zwischen den Rosen wird mit Rosenblättern aufgefüllt. Für einen harmonischen Übergang zwischen Gefäß und Gesteck sollten einzelne abfallend gesteckte Rosenblätter und Asparaguszweige eingearbeitet werden.
Um den festlichen Eindruck zu verstärken, werden goldene Perlenketten sowie einzeln angeordnete Schaumperlen hinzugefügt.

Hochzeitsbaum in Weiß

Abbildung Seite 7

Material

1 Steckkugel, Ø 9 cm
1 Keramiktöpfchen und Steckmasse
1 Naturstamm
1 Bund weiße Seidenrosen
1 Bund weiße Diorrosen
2 Bund weiße Immortellen
2 Bund grünes Erikamoos
2 Bund grüne Broombloom
1 Bund weiße, angedrahtete Tüllspitzen
1 Bund perlmuttweiße Ilexbeeren
1 Beutel grüne, kleine Rosenblätter
1 Beutel Strohblumenhaften
2 Beutel hellgrünes Islandmoos
1 Beutel Ringe mit Tauben
2,5 m weißes Satinband, 15 mm
1 m perlmuttweiße Perlenkette

Den Keramiktopf mit Steckmasse füllen, das Stämmchen mit aufgeklebter Steckkugel im Topf fixieren.
Bevor mit der Dekoration begonnen wird, drahten Sie kleine Schleifchen an. Gleiches gilt auch für das Erikamoos und die Immortellen, die zu kleinen Sträußchen zusammengebunden werden.
Stecken Sie nun kreisförmig von der Kugelspitze her die einzelnen Materialien gleichmäßig über der Kugel verteilt fest. Um das Islandmoos zu befestigen, benutzen Sie am besten Strohblumenhaften. Zum Schluß werden an der Kugelunterseite einige größere Schleifen und Perlenketten angeordnet.
Der Topfboden wird mit Islandmoos bedeckt. Gruppieren Sie um das Stämmchen Satinröschen, Gräser und weitere Accessoires nach Wunsch.

Kerzenständer

Abbildung Seite 9

Material

3 Rosenköpfe
Seiden-Rosenlaub
Asparagus

Die Rosenköpfe und -blätter werden einzeln angedrahtet. Ordnen Sie die Blätter und die Knospen abwechselnd an, und verflechten Sie die Drahtenden miteinander. Die Länge des Stranges ergibt sich aus dem Umfang des Kerzenleuchters. Dann wird der Strang zu einem Kranz gebogen. Die Enden werden miteinander verdrahtet.

Einladung
Otto
Gerda

Tischkarte für den Herrn

Material (Motiv im Bild links)
Weißer Tonkarton, 10 x 10 cm
10 cm weißes Stoffband mit Goldrand, 15 mm breit
10 cm weiße Schlingenborte
2 goldene Diorrosen
3 Goldblätter
1 goldener Lackmalstift
1 schwarzer Filzstift
Klebstoff

Den Tonkarton falten. Tauben und Zylinder aus Tonkarton ausschneiden, bemalen und aufkleben.
Das Stoffband vorsichtig am unteren Rand ankleben. Achtung: Verwenden Sie nicht zuviel Klebstoff.
Anschließend Schlingenborte anbringen und das kleine Rosengesteck anordnen.

Material (Motiv im Bild rechts)
Weißer Tonkarton, 10 x 10 cm
1 Zylinder
10 cm feiner, goldener Bouillondraht
20 cm weißes Satinband, 10 mm breit
15 cm weiße Schlingenborte
Goldglitzerpaste
2 weiße Erika
2 grüne Myrtenzweige
1 schwarzer Filzstift
Klebstoff

Arrangieren Sie die Materialien auf dem gefalteten Tonpapier, und kleben Sie sie gut fest. Der Bouillondraht wird zu Ringen geformt.

Tischkarte für die Dame

Material

Weißer Tonkarton, 10 x 10 cm
1 weißes Filzhütchen
10 cm feiner, goldener Bouillondraht
3 weiß irisierende Diorrosen
20 cm weißes Satinband, 10 mm breit
10 cm weißes Tüllband
Goldglitzerpaste

Und hier sehen Sie eine Variante für die Dame. Gestalten Sie die Tischkarte mit den angegebenen Materialien (siehe auch Seite 10).

Einladungs- und Tischkarte

Material

Tischkarte:
Weißer Tonkarton, 10 x 10 cm
20 cm Goldlitze
1 goldener Lackmalstift
1 weiße Diorrose
1 weiße Sternblüte
3 weiße Satinblätter
5 cm weißes Tüllband
2 weiße Perlen am Stiel

Einladungskarte:
Weißer Tonkarton, 15 x 21 cm
55 cm weiße Schlingenborte
20 cm Stoffband mit Goldrand, 25 mm breit
Goldene Glitzerpaste
1 goldener Lackmalstift

Fertigen Sie Tisch- und Einladungskarten wie auf Seite 10 beschrieben. Auf dem Foto Seite 14 sehen Sie dazu eine mögliche Variante mit goldenen Diorrosen.

Einladungs- und Tischkarte in Flieder

Material
Fliederfarbener Fotokarton, 10 x 10 cm und 15 x 20 cm
30 cm weißes Band mit Goldrand, 25 mm
60 cm weißes Band mit Goldrand, 15 mm
50 cm weißes Satinband, 8 mm
Goldglitzerpaste
2 Messingringe

Falls Sie doch einen kleinen Farbtupfer in Ihre Weiße Hochzeit bringen möchten, können Sie diese eleganten Einladungs- und Tischkarten nacharbeiten.

Biedermeierstrauß in Weiß

Abb. Seite 15

Material
1 Strauß weißer Rosen mit Blättern
2,5 m weißes Tüllband
2 m weißes Seidenband, 10 mm breit
Grünes Kreppband
Stieldraht
Bast
Papiermanschette

Für den Brautstrauß im Biedermeierstil verwenden Sie weiße Rosen mit Blättern, die zuerst auf eine Länge von ca. 20-25 cm angedrahtet werden. Um eine Rosenblüte in der Mitte des Straußes ordnen Sie ringförmig weitere Blüten an.
Zwischen die einzelnen Blüten legen Sie angedrahtete Blätter. Die Blattspitzen ragen nur wenig über die Blüten hinaus. Zwischendurch die Stiele immer wieder mit Bast umwickeln, damit sich die einzelnen Blüten nicht mehr verschieben können. Überprüfen Sie öfters die Form Ihres Straußes, die gleichmäßig kugelig sein sollte. Dafür werden die Blüten kurz unter dem Blütenansatz gebunden; so erhalten Sie einen kompakten Strauß.
Ist die gewünschte Straußgröße erreicht, legen Sie zum Abschluß einen Blattkranz aus Rosenblättern darum.
50 cm Tüllband, an einer Seite angedrahtet, wird in den Strauß miteingebunden. Das Band wird dann rings um den Strauß arrangiert, das Bandende angedrahtet und festgebunden. Aus dem restlichen Tüll- und Seidenband binden Sie eine Schleife, die an einer Seite des Straußes befestigt wird. Eine Papiermanschette vervollständigt den Strauß. Die Stiele werden mit Kreppband umwickelt, um das Rutschen der Manschette zu verhindern.

Ansteckstäußchen für den Bräutigam

Material
3 weiße Seidenröschen
5 grüne Diorröschen
40 cm weißes Band, 8 mm breit
10 cm weißer Tüll
Asparagus- und Farnspitzen
1 Broschennadel mit Klammer
Grünes Kreppband
Feiner Bindedraht

Ordnen Sie auf den drei Farnspitzen die weißen Seidenröschen in unterschiedlicher Länge an. Mit feinem Draht mehrmals umwickeln. Anschließend fügen Sie die Diorröschen, grünes Laub und Asparagusspitzen hinzu. Erneut das Sträußchen abbinden. Zum Schluß eine kleine Schleife und ein Stückchen Tüll andrahten und beides dem Sträußchen hinzufügen. Die Blütenstiele gleichmäßig kürzen und mit grünem Kreppband umwickeln.

Anstecksträußchen für die Braut

Material (Abb. oben)
2 weiß-irisierende Stoffarnblätter
4 weiße Diorrosen
1 weiße Rosenknospe
3 Myrtenzweiglein
1 weiße Feder
40 cm weißes Band, 10 mm breit
10 cm weißes Organzaband
2 weiße Stoffblätter
3 Perlspraystiele
Weißes Kreppband
1 Broschennadel mit Klammer

Material (Abb. unten)
3 weiße Kugelröschen
2 weiß-irisierende Sternblüten
2 weiße Stoffblätter
10 cm weißer Tupfentüll
40 cm weißes Band, 8 mm breit
30 cm weißes Band, 6 mm breit
1 gebogener Perlenspray-Stiel
Weißes Kreppband
1 Broschennadel mit Klammer

Arbeiten Sie die Stecksträußchen für die Braut analog zur Beschreibung auf Seite 16.

Großer Brautkranz mit Organzaschleifen
Abbildung Seite 19

Material
1 Perlenstirnreif
Weiße Rosenknospen
Sternblüten mit Perlenrispen
Organzaschleifenband
Fertig gewellte Organza - und Satinbänder, extra lang
Weiße Satinblätter
Weiße Diorrosen
Tüllblätter
Bindedraht
Weißes Kautschukband
Haarkamm

Beginnen Sie damit, die verschiedenen Einzelblüten und Blätter auf den Perlenstrang mit feinem Draht nach hinten zu binden. Zur Auflockerung werden Organzaschleifen dazwischen gebunden. Verarbeiten Sie die Einzelteile sehr dicht, damit ein üppiger, auffallender Kopfschmuck entsteht, der zu den langen Organzabändern paßt.
Auf der Rückseite des Reifs werden nun die Organzabänder, Perlenstränge und Satinbänder befestigt. Zum Feststecken des Kopfschmuckes wird an der Innenseite des Kranzes ein Haarkamm angebracht.

Brauthütchen

Abb. Seite 20

Material
1,5 m weißes, getupftes Tüllband
1 Beutel weiße Wachsperlen, Ø 4 mm
1 Beutel weiße Wachsperlen, Ø 6 mm
1 weißes Hütchen, 1 Beutel weiße Federn
Verschiedene Seidenblüten und -blätter
Weiße Perlenseide

Die Hütchen werden in verschiedenen Ausführungen im Fachhandel angeboten; auf Seite 21 sehen Sie zum Beispiel eine Variante.
Die Wachsperlen auf Perlenseide in unterschiedlichen Längen auffädeln und von der vorderen Hutmitte ausgehend symmetrisch festnähen. Die Länge der Wachsperlenstränge ist auf die jeweilige Braut abzustimmen.
Das Tüllband von der Rückseite des Hutes aus um den Hut drapieren und abschnittsweise mit je einer Wachsperle festnähen. Seitlich eine Tüllschleife anlegen und festnähen.
Auf der der Schleife gegenüberliegenden Seite befestigen Sie ein zuvor gebundenes Sträußchen aus Seidenblüten.
Zur Auflockerung können noch einzelne Federn hinzugefügt werden.
Auch ohne Tülleinfassung sieht das Hütchen festlich aus.

Asymmetrische Haarspange

Material

5 Tüllblätter
4 Stoffblätter
3 Rosenknospen
3 Stengel weiße Sternblüten mit Perlrispen
1 langer Blütenspraystrang
1 m weißes Satinband, 10 mm breit
1,5 m weißes Satinband, 6 mm breit
1 Haarspange
feiner Bindedraht
weißes Kreppband

Für die Haarspange wird ein größeres, flaches Sträußchen gebunden: ordnen Sie hierfür alle Blüten und Blätter in einer Richtung an, und binden Sie sie mit feinem Bindedraht ab.
Anschließend den Stiel mit Kreppband umwickeln und das Gebinde auf die Haarspange kleben. Ein Blütenspraystrang wird in entgegengesetzter Richtung festgeklebt. In den Zwischenraum zwischen dem Sträußchen und dem Blütenspraystrang werden zwei kurz angedrahtete Schleifen eingefügt und festgeklebt.

Haarspange

Material
1 weiße Rosenknospe
12 weiße Diorrosen
2 kleine Rosenknospen
4 Perlenspraystiele
1,2 m weißes Organzaband
2 lange Perlenspraystiele
1 Haarspange

Für die Haarspange werden zwei gleichgroße, flache Sträußchen gebunden. Die Stiele jeweils mit Krepp-band umwickeln. Die fertigen Sträußchen auf der Haarspange festbinden oder mit Heißkleber fixieren. Aus Organzaband und Satinband werden Schleifen hergestellt und in die Mitte der Spange geklebt. Der verbleibende Zwischenraum zwischen Sträußchen und Band wird mit einer großen Rosen-knospe verdeckt.

Bank mit Hochzeitstauben

Material

1 Bänkchen
1 Taubenpaar
1 Zylinder
1 Geige
20 cm weißer Tüll
½ Bund goldene Diorrosen
Rosenblätter
Goldlitze
Weiß-irisierende Streuglimmerblättchen
Klebstoff

Arrangieren Sie das Material, wie auf dem Foto zu sehen, und kleben Sie alles gut fest.

Vogelvoliere

Abb. Seite 25

Material

1 Vogelkäfig aus Keramik
3 Stengel apricotfarbene Wildrosen
3 lachsfarbene Edelrosen
3 Efeuranken
1 Beutel Potpourri
1 Beutel Glasperlen
3 m Spitzenband
3 m weißes Taftband

Auf einer Seite wird jeweils ein Wildrosenzweig nach oben bzw. nach unten verlaufend mit Heißklebstoff am Käfig festgeklebt. Der dritte Zweig wird geteilt und auf der anderen Seite im oberen Bereich des Vogelkäfigs befestigt.

Weiße Hochzeit

Bringen Sie die Efeuranken als Auflockerung an.
Mehrere große Schleifen aus Taft- und Spitzenband dienen zur harmonischen Abrundung des Gestecks.
Das Innere des Käfigs wird mit drei Edelrosenköpfen geschmückt, der Boden mit Potpourri und einzelnen Glaskugeln ausgelegt.
Als zierendes Beiwerk können noch farblich passende Käfer und Schmetterlinge hinzugefügt werden.

Ringkissen

Material

1 Ringkissen
½ Bund weiße Diorrosen
½ Bund goldene Diorrosen
2 Perlenrispen
3 Tüllblätter
1 weiße Rosenblüte
2 gedrehte Perlenschnüre

Binden Sie die Blumen mit den anderen Materialien zu einem kleinen Sträußchen. Mit diesem kleinen Bouquet dekorieren Sie das Ringkissen, das es fertig zu kaufen gibt. Die restlichen goldenen Diorrosen kleben Sie mit einem Tupfer Klebstoff auf dem Kissen fest.

Telleraufleger

Material
40 cm blaugrünes Band
mit Drahteinlage
1 Efeublatt aus Tonkarton
2 altroséfarbene Rosen
2 weiße Seidenrispen
1 Stengel gelbe Wildseidenprimeln
1 Minigeige
Goldstift

Das Band wird zu einer Schleife gelegt, die Enden werden mit Klebstoff fixiert. Seidenblüten zu einem kleinen Sträußchen anordnen, dieses auf der Schleife festbinden oder festkleben.
Versehen Sie das aus Tonkarton ausgeschnittene Efeublatt mit Namen, z. B. mit goldener Schrift, und malen Sie einen Rand um das Blatt. Kleben Sie dann das Blatt sowie die Minigeige in das Sträußchen ein.
Diese Telleraufleger können Sie auch anstelle von Tischkarten verwenden.

Rustikaler Kerzenleuchter

Abbildung Seite 29

Material
1 antikgrüne Efeuranke
Kleine altroséfarbene Rosenknospen
Klebstoff

Mit wenig Aufwand können Kerzenleuchter zum Gesteck passend verschönert werden: Eine Efeuranke wird um den Leuchter gewunden und mit kleinen Rosenknospen verziert.

Tischgesteck

Abbildung Seite 30

Material

1 rechteckige Keramikschale oder eine Bonsaischale
2 antikgrüne Efeuranken, ca. 40 cm lang
2 altroséfarbene, gefüllte Seidenrosen
3 Bund Minimargeriten
3 Stengel gelbe Seidenblüten
1 Stengel weiße, feine Seidenrispen
1 Beutel grüne Hortensien
1 Beutel dunkelgrünes Islandmoos
1 m blaugrünes Band mit Drahteinlage
Styrofoamsteckmasse
Steckklammern

Die Schale mit Steckmasse füllen. Die gelben Seidenblüten ordnen Sie ausgehend von einem Eckbereich gruppenweise in verschiedenen Höhen an. Die Gesamthöhe des Gestecks entspricht der zweifachen Schalenlänge.
Die großen Rosenblüten werden geschmackvoll angeordnet; die Margeriten fügen Sie büschelweise hinzu.
Das breite Band wird in die gewünschte Form gedrückt und – ebenso wie die Efeuranken – mit Hilfe von Steckklammern in das Gesteck eingearbeitet. Die Ranken können stellenweise noch zusätzlich angeklebt werden. Ergänzend dekorieren Sie die weißen Seidenrispen noch hinzu und decken den Boden mit Islandmoos und Hortensien ab.

Rosengesteck

Abbildung Seite 31

Material

1 Glasleuchter
4 lachsfarbene Rosen
3 Seiden-Lilien
2 Efeuranken
3 Seiden-Rittersporn
1 Stengel Seiden-Vergißmeinnicht
3 Zweige Asparagus
2 Tauben
2 Perlenspraystränge
2 m weißes Seidenband, 6 mm
2 m weißes Seidenband, 15 mm
Steckmasse

Das Glas wird mit Steckmasse ausgefüllt. Bei diesem Tischgesteck dominieren lachsfarbene Edelrosen mit kräftigem Stiel. Die Höhe des Gestecks muß zur Höhe des verwendeten Gefäßes passen. Bei der Gestaltung ist darauf zu achten, daß es später als Tischmittelpunkt von allen Seiten betrachtet wird.
Das Zentrum des Gestecks markieren Sie als höchsten Punkt mit einer Rose. Sie wird von in verschiedenen Höhen angeordneten Rosen umgeben. Einzelne Lilien und Blütenranken vervollständigen die Blumenpalette des Gestecks. Verschiedene grüne Zweige füllen die offenen Bereiche aus.
Um die einzelnen Abstufungen des Gestecks zu harmonisieren und ein fließendes Gesamterscheinungsbild zu erzielen, werden angedrahtete Schleifen, Perlenstränge und Asparaguszweige mit eingearbeitet. Setzen Sie zur Ergänzung noch die zwei Tauben in die Zweige.

Bernd
Tanja

Tischkarte

Material
Mintfarbener Tonkarton
1 Efeublatt
3 Asparagusspitzen
1 Rosenknospe
1 kleines Stück Tüll
2-3 grüne Hortensien
Goldglitter aus der Tube

Arrangieren Sie die Materialien zu einem kleinen Gebinde, und kleben Sie es in der Mitte der nach unten aufgeklappten Karte fest. Beschriften Sie den Tonkarton, und verzieren Sie das Ganze mit Goldglitter.

Tischbäumchen

Abbildung Seite 35

Material
1 Tontopf, Ø 7 cm
1 Steckkugel, Ø 7 cm
1 Bund Efeublätter
5-6 altroséfarbene Rosenknospen
1 Beutel hellgrünes Islandmoos
1 antikgrünes Papierblatt
2 Messingringe
1 Stämmchen aus naturfarbenem oder gebeiztem Rundholz

Arbeiten Sie das Tischbäumchen wie bei „Hochzeitsbaum in Weiß" (Seite 7-8) beschrieben. Zum Schluß wird es noch auf das antikgrüne Papierblatt gestellt.

Telleraufleger

Material

1 antikgrünes Papierblatt
1 rote oder antikblaue Wachsrose
2 Efeublätter
10 cm weißes Tüllband
2 Messingringe
2 kleine, weiße Minitäubchen oder Zylinder
Asparagusspitzen
Etwas weiße Dekowatte
1 weiße Beerendolde

Arrangieren Sie die Materialien auf dem Papierblatt, und kleben Sie alles gut fest. Für die Herren wählen Sie blaue Rosen und Zylinder, für die Damen rote Rosen und Täubchen.

Hochzeitsstrauß im Trend

Abbildung Seite 37

Material

3 gelbe Edelrosen mit Knospen
9 weiße Papierrosenknospen
2 Stengel weiße Seiden-Sternblüten
3 Stengel Seidenfuchsschwanz
3 Stengel Isolepsisgras
1 Bund Asparagus
1 Bund grüner Broombloom
50 cm grobes, goldenes Tüllband
Grünes Kreppband
Bast oder Draht zum Abbinden

Bei diesem geschmackvollen Trendstrauß wird mit den angedrahteten Asparaguszweigen und den weißen Sternblüten begonnen. Ordnen Sie sie waagrecht an; die Drahtenden halten Sie dafür senkrecht. Der Seidenfuchsschwanz und eine lange Rosenknospe liegen auf den herunterhängenden Teilen. Zur Auflockerung fügen Sie hier kürzere Asparaguszweige und Sternblüten hinzu.
Beim Übergang in den oberen Teil des Straußes werden kurze, volle Rosenblüten verwendet. Um diesen Teil noch plastischer zu gestalten, wird an beiden Enden angedrahtetes Tüllband miteingearbeitet.
Binden Sie zwischen diesen Arbeitsschritten laufend die Stiele gut mit Draht ab.
Der mittlere Teil des Straußes wird mit gruppenförmig angeordneten Blüten und Gräsern gestaltet. Einzelne Rosenblüten lockern den Strauß auf.
In Verlängerung zu dem herabhängenden Teil des Straußes binden Sie nun oben Sternblüten, Fuchsschwanz und einzelne Gräser aufrecht in den Strauß mit ein.
Eine einzelne Rosenknospe verstärkt die angestrebte senkrecht herabfließende Wirkung.
Den Hintergrund des Straußes bilden Asparaguszweige.

Tischgesteck

Abbildung Seite 33

Material

1 flacher Keramikteller
1 sitzender Keramikengel
1 Stengel Schierling; 2 Stengel Asparagus
2 antikgrüne Efeuranken
50 cm weißer Tüllstoff, 20 cm breit
3 rote Wachsrosen
1 Beutel grüne Hortensien
2 weiße Tauben; 2 Messingringe
1 Styrofoamring, Ø 25 cm
1,5 m olives Rupfenband

Das Rupfenband wird um den Styrofoamring gewickelt und festgesteckt. Anschließend den Keramikteller und darauf den Engel festkleben. Ein Ende des Tüllstoffes auf dem Teller fixieren und dekorativ anordnen. Zwei kleine Styrofoamstückchen links und rechts vom Engel befestigen, die Wachsrosen und den Doldenzweig (Schierling) feststekken. Die Efeuranke an einem Ende befestigen und am Kranz entlang sowie um den Engel anordnen. Bei Bedarf zusätzlich mit Klebstoff fixieren.
Zum Schluß werden noch Asparaguszweige und Hortensien hinzugefügt. Dekoratives Beiwerk (z.B. Tauben oder Eheringe) aufkleben.

Susi

Tischkarte

Material
Grau-meliertes Briefkarten-Papier
25 cm blaues Band, 6 mm breit
10 cm weißes Band, 6 mm breit
½ Bund Vergißmeinnicht mit Blättern
1 Bund Minimargeriten
1 Stengel roter Seidenginster
1 Stengel blaue Wildbeerenfrüchte

Die Tischkarte aus dem Briefkarton ausschneiden (9 x 18 cm) und falten. Auf die Vorderseite mit Bleistift einen Kreis mit einem Durchmesser von 6 cm vorzeichnen. Auf die Kreislinie werden die einzelnen Blüten und Blätter gleichmäßig verteilt fixiert – arbeiten Sie dabei immer in einer Richtung.
Ein farblich passendes Schleifchen zum Schluß einkleben.
Die Karten können noch dekorativ mit Bändern oder Borten verziert werden.

Gesteck

Abbildung Seite 41

Material

1 ovaler Weidenkorb mit Bügel
7 blaue Hyazinthen
5 große Mohnblumen
1 Bund Minimohn
4 Bund weiße Minimargeriten
2 Stengel Schleierkraut
1 Strauß Seidenblätter
6 m Band (je 2 m rot, blau, weiß)
2 Schmetterlinge
Je 2 Stengel weiße und blaue Beerenzweige
1 Beutel grüner Mingfarn
1 Beutel dunkelgrünes Islandmoos
Styrofoamsteckmasse

Den Weidenkorb mit einer Styrofoamhalbkugel gut ausfüllen. Dominante Blüten wie Hyazinthen, Mohn und Margeriten werden gleichmäßig eingesteckt. Seidenblätter und Blattranken im Gesteck und um den Korbrand anbringen. Anschließend werden die feineren Gräser und Blüten hinzugefügt. Die Stirnseiten erhalten jeweils drei große Schleifentuffs. Sie können die Zwischenräume noch mit grünen Gräsern und Islandmoos auffüllen.

Bunter Brautstrauß

Abbildung Seite 43

Bei diesem hübschen, farbenprächtigen Brautstrauß dürfen Sie Ihrer Phantasie freien Lauf lassen – er soll einfach bunt und fröhlich werden! Die Materialien dazu können Sie ganz nach Belieben auswählen, je nachdem, wozu der Strauß passen soll.
Der Strauß wirkt geschlossen, fast kugelig, und ist symmetrisch gebunden. Harmonische Farben unterstreichen die ruhige Form.
Einzelblüten, Blätter und Dekoäpfel werden mit Steckdraht angedrahtet und griffbereit zurechtgelegt. Von der Mitte aus beginnend die Blüten kreisförmig anlegen und zwischendurch die Stiele mit Bast abbinden.
Der Strauß sollte nicht so kurz und dicht wie ein Biedermeierstrauß gebunden werden; einzelne längere Gräser und Eucalyptuszweige dienen zur Auflockerung.
Dekorative Elemente wie Zylinder, kleine Seidenfliegen und Ringe geben dem Strauß die hochzeitliche Note. Mit Schleifen und großen Seidenblättern können Sie zum Abschluß noch einen Kranz um den Strauß gestalten.

Blütenkränzchen als Tellerauflage für das Hochzeitspaar

Material

½ Bund Vergißmeinnicht mit Blättern
1 Stengel roter Seidenginster
1 Stengel blaue Wildbeerenfrüchte
1 Stengel Minimargeriten
3 blaue Seidenblütenköpfe
2 Ringe mit Tauben
15 cm weißes Band, 8 mm breit
10 cm blaues Band, 6 mm breit

Arrangieren Sie alle Accessoires mit dem Draht liebevoll zu einem kleinen Kränzchen.

Tellerauflieger Schubkarren oder Stuhl

Material

1 Mini-Holzschubkarre oder
1 Mini-Holzstuhl
2 Zweige Mingfarn
1 blaues Seidenvergißmeinnicht
1 Stengel roter Seidenginster
1 Stengel blaue Wildbeerenfrüchte
Steckknet

Die farbenfrohen Materialien werden auf den Holz-Miniaturen dekoriert.

Brautpaar-Platzgesteck

Material

1 Mini-Holzbrücke
1 Brautpaar
2 Zweige grüner Mingfarn
1 Stengel feine, weiße Seidenrispe
1 Stengel roter Seidenginster
2 Stengel Seidenvergißmeinnicht
Steckknet

Plazieren Sie das Brautpaar auf der Holzbrücke, und gestalten Sie die Brückenenden mit den Floristik-Elementen.

Bogen-Gestell

Material

1 Drahtgestell mit rundem Bogen
1 Zweig Seidenbuchs
1 Stengel weißes Schleierkraut
1 Stengel weißes Vergißmeinnicht
7 apricotfarbene Rosen
1 Bund angedrahtete Tüllspitzen
1 Zweig Birkenlaub
1 Brautpaar
2 m apricotfarbenes Satinband, 15 mm breit
50 cm weißes Satinband, 8 mm breit
3 Efeublätter
Dekowatte
Bindedraht
Steckschaumziegel

Hier arrangieren Sie das fröhliche Brautpaar samt Schmuckmaterial auf dem Steckschaumziegel.

zeit viel Glück zur Hochzeit viel
viel Glück zur
Glück zur Hoch

Gesteck Hochzeitspaar

Abbildung Seite 47

Material

1 weiße Keramikschale
1 Drahtgestell mit rundem Bogen
1 Brautpaar
1 Stengel Efeu
1 Bund weiße Azaleen
1 Stengel kleine, weiße Seidenblüten
1 Beutel Islandmoos
1 m weißes Tüllband
75 cm Band mit Hochzeitsgruß
Grünes Binsengras
Feiner Bindedraht
Steckschaum

Die Steckmasse in die Keramikschale drücken. Für den Rundbogen benützen Sie am besten ein Drahtgestell.
Die Efeuranke an einer Seite des Bogens feststecken und um den Bogen winden, das Tüllband einflechten.
Den Boden des Gefäßes mit Islandmoos abdecken. Um den Schalenrand werden einzelne Azaleenblüten angeordnet. Aus Tüllband fertigen Sie eine Schleife, die auf der rechten Seite angebracht wird.
Das Hochzeitspaar wird nun unter dem Bogen postiert. Als Auflockerung können Sie kleine Büschel Binsengräser um das Paar einstecken. Glückwunschband, einzelne Blütenköpfe und ein kleiner Zylinder geben Ihrem Gesteck den letzten Schliff.

Taufe

Einladungskarten

Material
Rosafarbener Tonkarton, 15 x 20 cm
Blauer Tonkarton, 15 x 20 cm
Weißes und pinkfarbenes Tonpapier
Weiße Schlingenborte
Pinkfarbenes Satinband, 6 mm breit
Weißes Satinband, 8 mm breit
1 Pappstecker Storch
3 grüne Erikazweiglein
3 weiße Diorröschen
40 cm roséfarbenes Satinband, 8 mm
1 silberner Lackmalstift
1 schwarzer Filzstift
Klebstoff

Gestalten Sie die Einladungskarten mit den vorgegebenen Materialien und Vorlagen nach Lust und Laune.

Einladung
Einladung

Tischkarten

Material
Tonkarton, 10 x 10 cm
Pinkfarbener Tonkarton
Weißer Tonkarton
1 goldener Lackmalstift
1 schwarzer Filzstift
Klebstoff

Dekorieren Sie die Tischkarten mit den Vorlagen; bemalen und beschriften Sie sie ganz nach Ihrem Geschmack.

Telleraufleger

Material

1 Seerosenblatt
1 rosafarbene Wiege
1 Storch mit Baby
2 Rosenknospen
Etwas Füllwatte und rosa Stoff (für das Bettchen)
Hellgrünes Islandmoos
10 cm weißes Tüllband
½ Bund kleine grüne Velourblättchen

Den Storch und die Wiege auf das Seerosenblatt kleben. Den Blattboden mit Islandmoos und Tüllband dekorieren und die Seidenrosen hinzufügen. Aus rosa oder blauen Stoffresten nähen Sie zwei kleine Kissen, füllen sie mit Watte und legen sie in die Wiege.
Auch ohne Wiege wirkt der Telleraufleger sehr dekorativ.

Taufkerze

Material
1 weiße Kerze, 15 cm hoch
Je 1 Pl. Verzierwachs: lindgrün, zartrosa, gelb, gold
70 cm roséfarbenes Zackenband
50 cm weißes Satinband

Auf der Rückseite der Wachsfolie das gewünschte Motiv mit Bleistift aufzeichnen und mit einem Papiermesser vorsichtig ausschneiden.
Legen Sie das Wachsmotiv auf die Kerze, und drücken Sie es vorsichtig an.
Aus den Bändern eine Schleife fertigen und diese mit Hilfe einer Stecknadel an der Kerze befestigen.

Taufgesteck

Material

1 Bund weiße Seidenrispen
15 Seidenrosen mit Blättern
4 Babyfläschchen
2 Babyschuhe
2 Wickelbabys als Stecker
2 Schmetterlinge
4 m Tüllspitzenband
1 Oasis-Gesteckunterlage mit Gitter

Zum Stecken wird eine runde Oasis-Gesteckunterlage verwendet. Einen Teil der Seidenrosen von der Mitte ausgehend gleichmäßig verteilt anordnen.
Für eine größere Tafel stecken Sie Rosen mit etwas längerem Stiel in die gegenüberliegenden Seiten des Gesteckes. Die restlichen Rosen auf den beiden schmalen Seiten des Gesteckes hinzufügen.
Anschließend beginnen Sie mit dem Füllen des Gesteckes: Dazu verwenden Sie angedrahtete Rosenblätter und Zweige sowie die bereitgelegten Seidenrispen.
Als Blickfang des Gesteckes fügen Sie zum Schluß verschiedene Taufstecker wie Schuhe, Fläschchen sowie Tüllschleifen und Schmetterlinge hinzu.
Das Gesteck kann auch in Blautönen für Buben hergestellt werden.

Material
1 Storch mit Baby
2 Kinderwagen als Anstecker
2,5 m bedrucktes Band
1 Spandose, Ø 20 cm
4 weiße Federn; 1 weiße Seidenrispe
1 Bund hellblaue Seidenblüten
1,5 m hellblaues Band, 6 mm breit
Hellblaue und weiße Acrylfarbe
Krakelierlack; Steckknet

Die Spandose mit feinem Schleifpapier abschmirgeln und anschließend mit Acrylfarbe hellblau grundieren. Die Farbe gut trocknen lassen und mit Krakelierlack überstreichen. Den Lack gut trocknen lassen. Anschließend wird die krakelierte Fläche mit Acrylfarbe weiß überstrichen. Beim Trocknen entsteht nun der gewünschte Krakeliereffekt: die zuerst aufgebrachte hellblaue Farbe kommt wieder zum Vorschein. Je nach Dicke der aufgetragenen Farbschichten läßt sich der Krakeliereffekt (feine/grobe Struktur) variieren. Die nun fertiggrundierte Spandose füllen, zusammensetzen und mit Bändern zubinden.

Die Bänderenden werden auf der Dosenmitte festgeklebt.

Auf der Deckelmitte wird ein Stück Steckknet aufgedrückt. Zuerst wird der Storch auf der Knetmasse festgesteckt.

Anschließend werden einzelne Seidenrispen sowie kleinere Schleifen und Blüten um den Storch angeordnet.

Zuletzt dekorieren Sie noch Anstecker, Kinderwagen und ein Kuvert mit Schleifchen (aus Tonpapier hergestellt) dazu.

Für ein Mädchen können Sie die Dose in Rosa arbeiten.

Material

1 hellblauer oder roséfarbener Korbwagen
4 weiße Glockenblüten
1 Bund hellblaue oder roséfarbene Seidenröschen
1 Beutel Glasperlen, Ø 14 mm
2 angedrahtete Tüllspitzen
5 Efeublätter; 1 Stengel Asparagus
1 hellblaues oder roséfarbenes Babyfläschchen
1 Babyköpfchen als Stecker
Füllwatte; feiner Silberdraht
40 cm Tüllband
60 cm hellblaues oder rosafarbenes Band, 6 mm breit
Klebstoff oder Klebepistole

Den Korbwagen mit zwei geformten Wattebäuschen füllen und das Babyköpfchen dazwischen legen. Sofern keine Klebepistole vorhanden, zwei kleine Steckmassenstücke links und rechts am Korbwagen befestigen.

Weiße Glockenblüten mit Efeublättern wie auf dem Bild anordnen. Zur Auflockerung werden Asparagusspitzen und angedrahtete Glaskugeln sowie Tüllspitzen dazugesteckt.

Entlang des Wagenrandes einzelne Rosenknospen mit Blättern und Glaskugeln festkleben.

Auf der Mitte des Bogens eine kleine Tüllschleife anbringen, die mit Rosenknospen verziert wird.

Gefülltes Töpfchen

Material
1 Nachttöpfchen
1 Babyflasche
2 Schnuller; 2 Störche
1 Bürste; 1 Kamm
1 Plüschhäschen
1 Garnitur Puppenunterwäsche
1 Stengel Seerosen
1 Zweig Seidenblätter
1 Beutel hellblaues Islandmoos
1 Bund grüne Canna-Stiele
1 Bund grünes Isolepsisgras
1 Vogelnest, Ø 10 cm
Steckschaum; Steckdraht

Den Babynachttopf mit Steckmasse füllen, anschließend Seerosen und Blätterzweige befestigen.
Dann werden die grünen Canna-Stiele gebündelt und waagrecht bzw. senkrecht angeordnet. Einzelne Stäbe zur Auflockerung des Gesteckes hinzugefügen. Kleben Sie das Nest und die Störche an.
Um eine spätere Nutzung der Gegenstände zu gewährleisten, werden sie vorsichtig angedrahtet und im Gesteck befestigt. Die noch vorhandenen leeren Zwischenräume mit Isolepsisgras und Islandmoos ausfüllen.
Als besonderer Blickfang wird noch Puppenunterwäsche dekorativ aufgehängt.

Kommunion und Konfirmation

Geschenkdose

Material
1 weißes Püppchen
1 grüner Geschenkkarton
85 cm grünes Satinband
1 weiße Rosenknospe; 2 Stengel Myrte
2 Stengel weiße Erikablüten
2 weiße Satinblätter
1 angedrahtete Tüllspitze

Die kleine fertige Geschenkschachtel füllen, das breite Band um die Schachtel legen und festkleben. Die Satinschleife am Deckel befestigen und das Püppchen darauf kleben.
Ein kleines Blütensträußchen aus Rosenknospe, Erikablüten, angedrahteter Tüllspitze und Myrtenzweiglein binden und neben dem Püppchen anbringen.

Telleraufleger

Material
1 Seerosenblatt
1 weiße Rosenknospe
3 blühende Myrtenzweiglein
1 weiße, angedrahtete Feder
60 cm weißes Band, 8 mm breit

Befestigen Sie den kleinen Strauß aus Blüten, Feder und Schleife auf dem Seerosenblatt.

Tischgesteck für die Festtafel

Material

1 Stengel weiße Seidenblüten
2 Stengel grünes Isolepsisgras
3 olive, angedrahtete Federn
1,5 m weißes Band, 15 mm breit
1,5 m weißes Band, 8 mm breit
3 iriséfarbene, angedrahtete Glaskugeln
1 weiße Kerze; 1 Steckgefäß aus Glas
1 Styrofoamring, Ø 7 cm

Mit Kreppapier oder einer weißen Serviette kleiden Sie das Glasgefäß aus. Als Steckmaterial verwenden Sie einen kleinen Styrofoamring. Achten Sie darauf, daß der innere Durchmesser des Steckringes etwas größer als der Kerzendurchmesser ist. Hat das Gefäß einen zu tiefen Kelch, können Sie ihn zuerst mit Alufolie, dann mit Steckknet füllen. Kleben Sie den Steckring auf das vorbereitete Gefäß. Die zurechtgeschnittenen Seidenblüten gleichmäßig einstecken. Durch die unterschiedliche Länge der Blüten wirkt das Gesteck locker und duftig. Die Zwischenräume zwischen den Blüten mit Federn, Seidenblättern und angedrahteten Schleifen füllen. Zusätzlich wird noch Isolepsisgras hinzugesteckt, das vorher über eine Messerkante gezogen wurde. Das Gesteck mit der Kerze vervollständigen.

Einladungs- und Tischkarte

Material für die Einladungskarte
Cremefarbener Tonkarton, 30 x 11 cm
1 Zweig Seidenblüten mit Blättern
40 cm olivfarbenes Seidenband, 3 mm breit
40 cm olivfarbenes Seidenband, 8 mm breit
22 cm weißes Seidenband, 6 mm breit
11 cm olivfarbenes Seidenband, 6 mm breit
11 cm goldfarbene Perlenbordüre

Material für die Tischkarte
Cremefarbener Tonkarton 10 x 10 cm
15 cm olivfarbenes Satinband, 10 mm breit
15 cm weißes Satinband, 6 mm breit
3 weiße Mini-Diorrosen
4 Myrtenzweiglein
1 weißer Erikazweig

Falten Sie den Tonkarton in der jeweiligen Größe, und dekorieren Sie die Einladungs- und Tischkarten mit den genannten Accessoires.

Ansteckstäußchen für das Mädchen

Material
1 weiße Feder
3 Stofftüllblätter
2 weiß-irisfarbene Rosen
1 weiße Rosenknospe
2 weiße, gedrehte Perlenstiele
3 roséfarbene Sternblüten
40 cm roséfarbenes Satinband, 6 mm breit
50 cm weißes Satinband, 8 mm breit
Weißes Kreppband
1 Broschennadel mit Klammer

Die Stofftüllblätter werden fächerförmig angeordnet. Auf die Blätter legen Sie zuerst eine angedrahtete Feder und die Röschen. Mit feinem Draht die Stiele mehrmals umwickeln. Die zwei gedrehten Perlenstiele und die rosafarbenen Sternblüten hinzufügen und abbinden.
Zum Schluß die angedrahteten Schleifchen dazubinden, die Stiele gleichmäßig kürzen und mit weißem Kreppband umwickeln.
Auf der Rückseite des Sträußchens befestigen Sie eine Broschennadel zum Anstecken.
Für Konfirmanden können Sie genauso auch bunte Blumen verwenden.

Ansteckstäußchen für den Jungen

Material
9 Myrtenzweiglein mit Blüten
1 angedrahtete Tüllspitze
2 weiße Diorrosen
50 cm weißes Band, 10 mm breit
Weißes Kreppband
Feiner Bindedraht
1 Broschennadel mit Klammer

Binden Sie das Sträußchen wie auf Seite 63 beschrieben.

Roséfarbenes Kränzchen

Abbildung Seite 65, siehe auch Seite 66

Material
3 Bund irisierende Sternblüten
1 Bund rosé-irisierende Diorrosen
4 Bund weiß-roséfarbene Tüllrosen
2 Bund weiße Diorrosen
2 m roséfarbenes Zackenband
1,5 m gewelltes weißes Organzaband
Weißes Krepp- oder Kautschukband
Silberdraht, Ø 1 mm
Feiner, silberner Bindedraht

Bevor mit dem Kränzchen begonnen wird, ermitteln Sie den benötigten Kopfumfang.

Lassen Sie den zuvor mit weißem Kreppband umwickelten Silberdraht ca. 10 cm länger als benötigt. Den Draht leicht rund biegen.

Für den Kranz können Sie entweder kleine fertige Sträußchen oder einzelne Blüten und Blätter verwenden; sie lassen sich harmonischer binden.

Sie beginnen etwa 3-4 cm nach dem Drahtanfang mit einer in der Mitte angeordneten weißen Diorrose. Den Rosenstiel und den Silberdraht mit Kreppband umwickeln. Anschließend wird links von der Rose eine kleine rosa Diorrose und rechts eine weiße Sternblüte angeordnet und jeweils mit Kreppband fortlaufend umwickelt.

Als nächstes eine weiß-rosa Tüllrose in der Mitte anordnen. Anschließend, wie bereits beschrieben, links und rechts die weiteren Blüten und Blätter anlegen und umwickeln.

Die gewählte Reihenfolge sollte beibehalten werden. Zwischendurch die Länge des Kranzes nachmessen. Ist der Kranz im benötigten Umfang gebunden, als Abschluß mehrmals die letzten Blütenstiele und den Silberdraht umwickeln.

Für das Zusammenbinden lassen Sie das Ende des Silberdrahtes etwa 5 cm länger als benötigt. Anfang und Ende des Blütenreifes ineinander schieben, bis keine Lücke mehr vorhanden ist. Abschließend die sich überschneidende Drahtenden mit Kreppband umwickeln.

Eine gebundene Schleife aus Organzaband und eine Schleife aus rosafarbenem Satinband werden miteinander verdrillt. Die Drahtenden der Schleifen werden an der Stelle befestigt, wo die beiden Drahtenden zusammengebunden sind.

A Ω

Kommunionskerze

Abbildung Seite 67

Material

1 Blatt goldene Verzierwachsfolie
1 glatte weiße Kommunionskerze

Kerzentuff:
30 cm weißes Satinband, 10 mm breit
3 Myrtenzweiglein
35 cm Tüll, 10 cm breit

Kerzentuch:
1 m weißer Tüll, 75 mm breit
8 Myrtenzweiglein mit Blüten
3 Perlblütenrispen
3 weiße Satinblätter
60 cm Satinschleife, 15 mm breit
1,5 m weiße Schlingenborte
1 weißes Satintuch, Ø 45 cm
1 fester Tüllgewebestoff, Ø 45 cm

Auf die Rückseite der Wachsfolie das gewünschte Motiv mit Bleistift aufzeichnen und mit einem Papiermesser vorsichtig ausschneiden.
Das Wachsmotiv kann noch mit verschiedenen Gravuren verschönert werden. Das Papier auf der Rückseite der Wachsfolie entfernen. Das fertige Wachsmotiv auf die Kerze legen und vorsichtig andrücken (Wachs klebt durch Handwärme).
Das 30 cm lange Tüllband in der Mitte rüschen und die Enden zusammennähen. Die fertige Rüsche über die Kerze streifen. Das weiße Satinband in der Mitte der Rüsche festziehen und zu einer Schleife binden. Drei kleine Myrtenzweiglein zwischen Schleife und Rüsche schieben.

Für das Kerzentuch arbeiten Sie aus dem Satinstoff ein rundes Tuch mit einem Durchmesser von 45 cm, aus dem Tüllgewebestoff ein rundes Tuch mit einem Durchmesser von 43 cm.
Anschließend schneiden Sie aus beiden Tüchern in der Mitte eine Öffnung von ca. 5 cm.
Beide Ränder des Satinstoffes einfassen, anschließend den äußeren Rand mit einer Schlingenborte verschönern.
Zweimal 50 cm Tüllband doppelt legen, rüschen und die Enden zusammennähen. Auf das Nahtende nähen Sie ein kleines Myrtensträußchen, in das zuvor eine Satinschleife und drei Perlrispen eingebunden wurden.

Jubiläen

Tischgesteck

Material

1 goldener Pappstecker „50"
2 violette Stengel Iris
4 goldene Perlenstiele
½ Bund altroséfarbene Rosenknospen
2 m flieder-goldfarbenes Band
2 Stengel goldenes Isolepsisgras
1/2 Bund goldene Rosenknospen
1 fliederfarbene Kerze
1 Kerzenhalter aus Keramik

Die Steckmasse in der Kerzenschale festkleben. Die Irisblüten werden in unterschiedlichen Längen auf den gegenüberliegenden Seiten angeordnet, die Zwischenräume mit kurzgesteckten Rosenknospen ausgefüllt.

Die schmalen Seiten des Gesteckes erhalten jeweils zwei füllige doppelte Schleifen. Auf der Vorderseite wird an der Schleife die Jubiläumszahl festgeklebt.

Zur Auflockerung verwenden Sie goldene Perlenstiele und Gräser. Zum Schluß die angedrahtete Kerze in die Steckmasse drücken.

Einladungs- und Tischkarte

Material für die Einladungskarte
Fliederfarbener Tonkarton, 15 x 22 cm
Violettes Tonpapier, 8 x 12 cm
1 goldene Pappzahl „50"
2 goldene Diorrosen
40 cm lilafarbenes Satinband, 6 mm breit
70 cm Goldkordel, 2 mm
45 cm Goldlitze

Material für die Tischkarte
Fliederfarbener Tonkarton, 10 x 10 cm
2 goldene Diorrosen
10 cm goldener Bouillondraht
1 grüner Myrtenzweig
Goldglitzerpaste
20 cm Goldlitze

Mit zusätzlichen Accessoires, z. B. Ringen, sind die Karten auch bei der goldenen Hochzeit zu verwenden.
Mit farblich dazu passenden Materialien können Sie noch zusätzlich ein kleines Körbchen dekorieren.

Zum 25.

Die Abbildung von Tischgesteck, Menuekarte, Serviettenring, Tischkarte und Tischaufleger sehen Sie auf der Titelseite des Buches.

Tischgesteck

Material
1 silberner Pappstecker „25"
2 violette Stengel Anemonen
1 irisfarbener Stengel Seidenflieder
2 blaue Trauben; grüne Seidenblätter
Flower Hair, silber
1,2 m silbernes Band, 10 mm breit
1,2 m violettes Band, 6 mm breit
1 weiße gedrehte Kerze; 1 Glasleuchter

Das Tischgesteck arbeiten, wie auf Seite 70 beschrieben.

Menuekarte

Material
Beigefarbener Tonkarton
(21 x 30 cm falten)
1 silberner Pappstecker „25"
6 violette Diorrosen
4 silberne Stoffblätter
4 grüne Myrtezweiglein
36 cm silbernes Band, 10 mm breit
36 cm violettes Band, 6 mm breit

Für die Schleifen
40 cm silbernes Band, 10 mm breit
50 cm violettes Band, 6 mm breit

Die Menue- und die Tischkarte arbeiten wie auf Seite 71 beschrieben.

Tischkarte

Material
Beigefarbener Fotokarton, 10 x 10 cm
30 cm silbernes Band, 10 mm breit
25 cm violettes Band, 6 mm breit
2 violette Diorrosen; 1 silberne Diorrose
Filzstift, silber

Serviettenring

Material
1 silbernes Weidenkränzchen, 6 cm Ø
1 silberne Minimanschette
2 flieder- und pinkfarbene Diorrosen
3 violette Seidenknospen
3 silberne Mini-Diorröschen
3 grüne Seidenblätter
grünes Kreppband
60 cm silbernes Band, 10 mm breit

Blüten und Blätter zu einem kleinen Sträußchen binden, zwei kleine Schleifchen hinzufügen und in eine Manschette stecken. Die Stiele mit Kreppband umwickeln. Das silberne Weidenkränzchen über die Serviette schieben und das kleine Sträußchen dazwischenlegen.

Tischaufleger-Sträußchen

Material
Je 2 silberne und violette Diorrosen
10 grüne Myrtezweiglein
4 silberne Seidenblätter
85 cm silbernes Band, 10 mm breit
Grünes Kreppband

Das Tischsträußchen wird wie die Ansteckstäußchen auf Seite 63 gearbeitet.